古文苑卷第十七

雜文

董仲舒集叙

漢書本傳仲舒所著皆明經術之意及上疏條教凡百二十三篇此必集中所載也

董仲舒清河廣川人也以治春秋爲博士下帷講誦弟子傳以久次相授業或莫能見其面蓋三年不窺園圃論語請學為圃圃所以種菜茹王充論衡曰仲舒讀春秋三年不窺園菜進退容止非禮不行學士皆師尊之漢孝武皇帝即位以賢良對策爲江都相事易王景十三王傳江都易王名非武帝兄也顏師古曰易音改易之易謚法曰好更故舊曰易王素驕好勇仲舒以禮義匡正王王敬重焉公孫弘希世用事深疾仲舒是時膠西王尤縱恣數害吏二千石膠西于王端易王同母弟亦武帝兄也為人賊戾相二千石至者輒求其罪告

之無罪者詐藥殺之弘欲中之乃言於上曰獨仲舒可使相膠西王素服其德善待之仲舒恐久獲罪以病免凡相兩國輒事驕王正身率下所居而治及去位歸居終不問產業以脩學著書為事年老以壽終於家並仲舒本傳中語抑此叙居前班固采以為傳邪

僮約　　王褒

蜀郡王子淵地理志蜀郡即成都漢書本傳王褒字子淵蜀人也以事到煎上玉壘山在成都西北湔水出焉亦名湔山湔水所經行之地故名煎上煎與湔同寡婦楊惠舍有一奴名便了倩行酤酒便了捍大杖上冢巔曰大夫買便了時指楊惠故夫只約守冢不約為他家男子酤酒子淵大怒曰奴寧欲賣邪惠曰奴父許人人無欲者子即決賣券之奴復曰欲使皆上不上券便了不能為也子淵曰諾券文曰神爵三年正月十五日宣帝即位之十六年也按漢書神爵五鳳之間上欲興協律之事益州刺史王襄令褒作中和樂職宣布詩因奏褒有軼材上徵褒既至詔為聖主得賢臣頌待詔頌之擢為諫大夫此文當作於未薦召之前通鑑載求金馬碧雞於神爵元年與此不合資中男子王子淵地理志犍為郡有資中縣郡屬益州從成都安志里女子楊惠買夫時戶下髯奴便了決賣萬五千奴從百役使不得有二言晨起灑一作早掃食了洗滌居當穿臼縛箒

栽盂（方言盂謂之盌）或鑿井浚渠縛落鉏園（落籬落也）研陌杜埒（音明）地刻大枷（研治阡陌穴隙則塞之大枷連枷也打穀之具築禾稼之塲刻畫地段令廣可運大枷打穀也）衺屈竹作杷削治鹿盧（說文杷收麥器蒲巴切鹿盧引綆以汲井）出入不得騎馬載（一作乘）車踑坐大呶下牀振頭垂釣刈芻結葦臘纑（編葦以為簞治麻以作布鄭氏詩箋竹葦曰簞臘緝治也孟子其妻辟纑注緝績其麻曰辟練麻曰纑音壁盧）沃不酪佳醍䤈（舊音徂模沃飲也乳汁作漿曰酪醍醐亦美漿醍醐之屬奴當甘饜淡不得求美飲）織履作麤（方言[illegible]總謂之麤）黏雀張烏（一作鳥）結網捕魚繳鴈彈鳧（弋以絲繫矢曰繳[illegible]射）登山射鹿入水捕龜浚園縱魚鴈鶩百餘（浚治園中池以養魚鴈鶩鶩鴨之屬）驅

逐鴟鳥持梢牧豬種薑養芋長育豚駒糞除常潔餧食（音似）馬牛鼓四起坐夜半益芻二月春分被隄杜疆落桑皮椶（隄疆田畔之空地可耕鋤種植落謂去其附枝及朽蠹者割取椶櫚之皮可為繩索）種瓜作（音昨）瓠別茄披葱（菜茹別其種而植瓠壺也詩疆場有瓜又八月斷壺葱拔散而植之）焚槎發等壟集破封（地有枯株就燒之借火氣以發土性等齊也聚其灰土剖其堅壤皆治圃之法）日中早熭（復音曝曬也賈誼策日中必熭音衛）鷄鳴起春調治馬驢兼落三重（落當作烙謂燒鐵烙蹄令堅而耐踏莊子馬蹄篇伯樂治馬燒之剔之刻之維之）舍中有客提壺行酤汲水作餔（音晡）滌杯整案（杯飤器也淮南子滌杯而食案以設飲食之具孟光舉案齊眉）園中拔蒜斮蘇切

脯築肉築與斲同斷也臛芋膾魚炰鱉亨荼荼苦菜也煮以為茹

盡具餔已蓋藏關門塞竇餧猪縱犬勿與隣里

爭鬭奴但當飯豆飲水不得嗜酒欲飲美酒唯

得染唇漬口不得傾盂覆斗不得辰出夜入交

關伴偶舍後有樹當裁作船上至江州漢中郡有江州

縣蜀都衆水至此會合見蜀都賦下到煎主蜀郡有湔道湔主湔之縣治也為

府掾求用錢推紡惡敗櫻索府掾郡之吏胥用錢庸直也櫻索所

以串錢紡即放字損敗者推棄之綿亭買席綿亭地名其處出席往來都

洛地理志廣漢郡有新都洛縣注章山洛水所出南至新都入湔有工官當為婦

女求脂澤販於小市膏沐之物小市所鈌歸都擔枲轉出

旁蹉枲胥里切麻也禹貢岱畎絲枲負販出小路牽犬販放一作鵝武

陽買茶楊氏池中擔荷武陽地名茶茗也楊氏池産荷其莖茄其花芙

蓉其實蓮其根藕皆可販賣往來市聚虚聚也慎護姦偷入市

不得夷蹲旁臥惡言醜罵多作刀弓持入益州

貨易牛羊奴自交精惠不得癡愚惠與慧通持斧入

山斲槧裁轅槧長版論衡曰斷木為槧轅車轅也若殘當作俎机

木屐及彘一作雉盤焚薪作炭殘餘也俎机以盛肉屐渠戟反木履

也彘盤餧猪之牢斲裁之餘木當用作此又其下剔薪而燒之以為炭石壘力罪切

薄岸皆水次為之以防暴水之至治舍蓋屋書削代牘削木版也

古人以書欲更書則削去之故謂之削牘編木為之日暮以歸當送乾薪

兩三束四月當披五月當穫謂麥也十月收豆多取蒲苧紵音苧皮麻屬也益作繩索雨墮無所爲當編蔣織箔蔣音獎菰蒲草也植種桄李梨柿柘桑三丈一樹八赤爲行果類相從縱橫相當果熟收斂不得吮嘗犬吠當起驚告隣里棖門柱戶上樓擊鼓一作椅椅盾曳舒還落三周盾可蔽身矛可刺賊所以巡警盜竊也勤心疾作不得遨遊奴老力索種莞織蓆索盡也蘇各切莞音官小蒲草可以爲席事訖欲休當春一石夜半無事浣衣當白若有私斂主給賓客私斂謂收租索債之類主以供給賓客主猶掌也奴不得有姦私事事當關白奴不聽教當笞一百讀券文徧訖詞窮咋索佗佗咋音窄索色窄切佗音屹恐畏不能言狀扣頭兩手自搏目淚下落鼻涕長一尺當如王大夫言不如早歸黃土陌蚯蚓鑽額早知當尒王大夫酤酒眞不敢作惡

奕旨

班固

大冠言博蔡邕獨斷曰武冠或曰繁冠今謂之大冠武官服之既終或進而問之曰孔子稱有博奕論語不有博奕者乎今博行於世而奕獨絕博義既弘奕義不述問之論家師不能說其聲可聞乎曰學不廣博無以應客此方之人謂棊爲奕弘而說之舉其大畧厥義深

奕局必方正象地則也道必正直神明德也夫
有白黑一本黃黑陰陽分也駢羅列布效天文也四
象既陳行之在人蓋王政也成敗臧否爲仁由
已危之正也危中有正夫博懸於投投今作骰博具也以骨爲之
不專在行優者有不遇劣者有僥倖踦挐相凌
氣勢力爭雖有雄雌未足以爲平也至於奕則
不然高下相推人有等級若孔氏之門回賜相
服論語子貢曰賜也何敢望回循名責實謀以計策若唐虞之
朝考功黜陟虞書三載考績三考黜陟幽明器用有常施設無
析一作所因敵爲資應時屈伸續之不復變化日

新或虛設豫置以自護衛蓋象庖羲罔罟之制
易庖犧氏作結繩而為罔罟以佃以漁蓋取諸離言廣布置也隄防周起障塞
漏決有似夏后治水之勢孟子禹之治水水之勢也一孔有
闕壞頹不振有似瓠子汎濫之敗漢武元光中河決瓠子承
上文治水言之謹隄備也一棊破窐亡地復還曹子之威曹劌
手劍劫盟齊桓歸魯侵地汶陽之田作伏設詐突圍橫行田單之
奇田單守即墨用火牛奇計復齊七十餘城奕解圍似之要阨相劫割地
取償蘇張之姿蘇秦張儀以縱橫之術說六國振其要害以相劫持失地於東
取償於西秦之爭劫似之固本自廣敵人恐懼三分有二釋
而不誅周文之德知者之慮也文王三分天下有其二以服事

敓棊之全勝不爭首也既有過失能量弱強逡巡需行保角依旁却自補續雖敗不亡繆公之智中庸之方也秦穆公因肴之敗悔過自誓保其國此之補過自守者也上有天地之象天文地則陰陽次有帝王之治庖犧禹文王中有五霸之權齊桓秦繆下有戰國之事田單蘇張覽其得失古今畧備及其晏也至於發憤忘食樂以忘憂言其激義志氣怡悅性情如此論語其為人也發憤忘食樂以忘憂推而高之仲尼槩也樂而不淫哀而不傷勝則喜而不至於過負則悲而不至於損質之詩書關雎類也關雎之詩樂而不淫哀而不傷紕專知柔陰陽代至施之養性彭祖氣也守雌不競勝負兩忘此至人襲氣葆

真之法莊子伏戲得之以襲氣母彭祖得之上及有虞下及五伯外若無為默而識淨泊自守以道意隱居放言遠咎悔行象虞仲論語子謂虞仲夷逸隱居放言身中清廢中權信可喜感乎大冠論未備故因問者喻其事

篆勢　蔡邕

徐堅初學記題以蔡邕篆書體古者蒼頡觀鳥跡造文字書契始作至周宣王時史籀作大篆十五篇及秦書有八體一曰大篆二曰小篆王莽居攝使甄豐校定六書五曰繆篆所以摹印也六曰鳥蟲書所以書幡信也自漢而下轉相摹倣名體愈多伯喈妙於書法靈帝命書六經刻石於太學門外

鳥遺跡皇頡循聖作則制斯文 皇頡蒼頡也後世推尊之故稱
皇頡崔瑗草書勢云書體之興始自頡皇寫彼鳥跡以定文章 體有六篆爲真
形要妙巧入神或龜文斜列櫛比龍鱗紆體放
尾長短副身頹若黍稷之垂穎蘊若蟲蛇之棼
縕揚波振激鷹跱 一本作龍躍 鳥震 平声 延頸脅翼勢
似凌雲或輕舉内投微本濃末若絶若連似露
縁絲垂凝下端 篆體有懸針倒薤垂露偃波名非一 從者如懸衡
者如編杪者邪趣不方不圓若行若飛跂跂翾
翾 跂音企虫行也翾音儇小飛也 遠而望之象鴻鵠羣遊駱驛
遷延迫而察之端澄不可得見指偽不可勝原

研桑不能數其詰屈 計研桑弘羊二人精於筭班固賓戲研桑心計於無
垠 離婁不能覩其隙間 離婁古之明目人 般倕揖讓而
辭巧 公輸般魯人倕黃帝時人皆匠之巧者 籀誦拱手而韜翰 籀史
籀也誦沮誦也黃帝之史與蒼頡始作書法 處篇籍之首目粲粲斌
斌其可觀摛華豔於紈素爲學藝之範圓 圓音[illegible]規
也所以爲圓伯喈自謂以此美麗之字體寫之紈素可爲後人法式 嘉文德之弘
懿舉大體而論旃 旃猶之語助也左傳虞公求旃

責髯奴辭 黃香

寓刺於髯奴以譏世之飾外貌勝頰舌者
我觀人鬚長而復黑冉弱而調離離若緣坡之

竹欝欝若春田之苗因風披靡隨風飄飄爾乃附以豐頋表以蛾眉發以素顔墨以妍姿約之以紲綫潤之以芳脂華華翼翼靡靡綏綏振之發矅黝黝若玄珪之垂於是搖鬓須鬓一作奮髭則論説唐虞鼓髯動鬛則研覈否臧内育瓌形外闡宮商相如以之閑都美人賦司馬相如美麗閑都顓孫以之堂堂論語堂堂乎張也顓孫師字子張豈若子髯既亂且赭枯槁禿瘁劬勞辛苦汗垢流離汚穢泥土傖嚅穰嚅音而與塵爲侶無素顔可依無豐頋可恃動則困於惣滅靜則窘於囚虜薄命爲髭正著子頋爲身不能庇其四體爲智不能飾其形骸癩鬚瘦面常如死灰癩癘疾也豫讓漆身爲癘癩音賴瘦因病也律曰以亂寒死曰瘦言瘦曾不如犬羊之毛尾狐狸之毫氂爲子鬚不亦難乎

魏敬侯碑陰文　聞人牟準

三國魏志衛覬字伯儒河東安邑人少夙成以文學稱魏國既建拜侍中與王粲並典制度衛覬賛曰魏代之義為文誥之詔明帝特封閿鄉侯受詔典著作凡所撰述數十篇好古文鳥篆隷草無所不善諡敬侯

敬侯所葬之先域城惟解梁後漢郡國志河東解縣有解城詳注左傳僖十五年晉侯賂秦内及解梁城地即郟首地名山對靈足靈山之足

谷當猗口猗谷之口勢高而趣幽形坦而焦背阜坦謂環抱
如墻阜豐厚也鑿室而可以蔽藏不墳而所冀速朽禮記
死欲速朽為宋桓司馬言之譏石槨也琢琦素白而靡尚衣服隨
時而則有故吏述德於隧前門生紀言於碑後
隧道之前謂碑銘也碑後即碑陰年準自謂也曰季居亭示已治詹嘉
在主而可友郡國志解縣有曰城注左傳曰晉文公入取曰襄者也博物志曰曰
季邑又猗氏縣注地道記曰左傳文十三年詹嘉處瑕在縣東北縣有鄉有亭在士二在左也二
者春秋時古跡敬侯葬所近之也處高攄之厚地將秭億而永
久秭億期歷年之多也所著述注解故訓及文筆等甚多
皆已失墜所注孝經固而注釋孝經之名恐有誤字漢儒釋經詩書

有故春秋有微倉頡冢碑大篆書在左馮翊利陽亭南
道旁郡國志左馮翊衙縣注皇覽曰有倉頡冢在利陽亭南高六丈及華山下
亭碑增筭狀碑為樊毅作毅又有復華山下民租口筭狀此云增筭未詳殷
叔時碑殷華字叔時後石漢人碑文見後魏大饗碑君羣臣上尊號
奏及受禪石表文並在許繁昌帝王世記魏文帝登壇禪于曲蠡
之繁陽亭為縣曰繁昌今許之析內潁川繁昌是也尊號奏鍾元常書受
禪表顓並金針一作錯八分書也魏鍾繇字元常工書法敬侯所
為文尊號奏鍾繇書受禪表顓自書其字體並金針八分書也書體有八分懸針金錯之名王
措文字志懸針小篆體也金錯書八体書法不圖其形或曰以銘金石故曰金錯太祖
文帝等臨詔令雜駁議上封事一百餘條誡子

等散在人間及碑石可見言餘皆忘失樹碑人郡國

縣道姓名具如于後樹立也人姓名闕不載

古文苑卷第十七

古文苑卷第十八

記 碑

漢樊毅脩西嶽廟記一作碑

山經曰泰華之山削成四方其高五千仞廣十里西山經云郭璞注山形上大下小峭峻也周禮職方氏華謂之西嶽職方氏河南曰豫州其山鎮曰華山祭視三公禮記王制天子祭天下名山大川五嶽視三公注云視其牲器之數者以其能興雲雨產萬物通精氣有益於人則祀之祭法山林川谷丘陵能出雲為風雨見怪物則祭之書大傳五嶽皆觸石而出雲膚寸而合不崇朝而雨故帝舜受堯歷數論語堯曰咨爾舜天之歷數在爾躬親自巡省設五鼎之奠柴燎煙虞書歲二月東巡守至于岱宗柴、月西巡守至于西嶽如初注西嶽華山致敬神祇又用照明百穀繁殖黎民時雍鳥獸率舞鳳凰來儀暨夏殷周末之有攺也末莫也其德休明則有禎祥荒淫臊穢篤災必降秦違其典壁遺鄗池二世以亡鄭客至華山下望見山上有素車白馬而至者授之璧曰

為我遺滈池君今年祖龍死及始皇死於沙丘二世立而秦亡高祖應運遵禮陶唐祭則獲福奕世克昌言如堯舜之世尊祀羣嶽亡新滔逆鬼神不享新莽篡漢有滔天之惡故鬼神違之莽必速亡建武之初彗掃頑凶誅夷新莽平盪僭竊如彗星之掃除更率舊章敢用玄牡牲牷必充天惟醇祐萬國以康建武元年即位燔燎告天望于羣神二年初制郊兆於雒陽城南中嶽在未四嶽各依其方光和二年有漢元舅五侯之胄謝陽之孫曰樊府君諱毅字仲德後漢書樊宏字靡卿世祖之舅封壽張侯弟丹封射陽侯兄子尋玄鄉侯族兄忠更父侯宏少子茂封平望侯是為五侯毅出於丹之胄復云射陽之孫盖指毅祖襲封射陽者謝與射同神夜切承考讓國家于河南至毅父遜國家居宪職

州郡辟公府除防東長中都令防東縣屬山陽郡中都縣屬東平國漢制萬戶以上為令減萬戶為長誅強虣撫瘠民二鄙以清命守斯邦為弘農太守威隆秋霜恩踰冬日景化既宣由復夕惕惟窺禄之報順民之則孟冬十月齊祀西嶽以溥一本有舍字窄狹不足處尊卑廟舍舊久牆屋傾亞一作凸世室不脩春秋作譏春秋文十三年詳見前註特部行事荀班與縣令先黨以漸補治設中外館圖珍奇畫怪獸嶽瀆之精所出禎秀役不干時而功已著蹔勞久逸神永有憑自古太山邸邑猶存邸一作邴公羊傳邴者何鄭湯沐之邑也泰山之下諸侯皆有

湯沐之邑馬注四井為邑取足止舍共藁穀秣足邸舍也言此邑以賜諸侯天子不收租賦
五嶽尊同哀此勤民獨不復福乃上復十里內
工商農賦（有乞復華山下十里內民租田口算狀在前）兔厭帝心嘉
瑞仍畣（與答同爾雅前畣然也）風雨應起（一作卦應四時八卦之候）㵾
潤品物君舉必書況乃盛德惠及神人可無述
焉於是功曹郭敏主簿魏襲戶曹史許禮等（皆弘
農郡官屬也）遂刊玄石銘勒鴻勛垂曜靈軫存有昭
識（音志記也）其辭曰二儀剖判清濁始分（二儀乾坤也易太極
生兩儀乾坤既判輕清者為天重濁者為地）陽凝成山陰積為川泰
氣推否洪波況臻（二氣交泰常以否推之洪水橫流否也禹濬川奠山所以

臻泰）堯命伯禹決江開汶川靈既定恩覆兆民乃
刊祀典辨于羣神因瀆祭地嶽以配天（左傳山嶽則配
天）世主遵循永享歷年赤銳煌煌（漢火德故受云赤銳）
茲介福京夏密清（密與謐同）殊俗賓服令問不違可
謂至德德音孔昭實惟我后（指穀也古者諸侯皆稱后書肆覲東
后又乃命三后）出自中興大漢之舅本枝惟百延慶長
久俾守西嶽達奉神祀改傳飾廟靈則有攸（一無
攸字按文上多則字）齊降瑞畣祚景風凱悌惟風及雨成
我稷黍穡民用章建乂室宇刊銘記誦（一作紀誦）克
配梁甫（古者封泰山禪梁甫刻石紀功言此銘誦可配梁甫之刻）

西嶽華山亭碑　衛凱

惟光和元年歲在戊子名曰咸池季冬己巳弘農太守河南樊府君諱毅字仲德下車之初（毅以是年十一月到任有乞復田租口筭狀并修西嶽廟碑見前）恭肅神祀西嶽至尊詔書奉詞躬親自往省從（一作徒）勞謙即事有漸散齊華亭（齊與齋通下同）齊堂逼窄郡縣官屬清（一作虀）齊無處尊卑錯綜精誠不固畏天之威逢斯癉怒時雨不興甘澍不布念存黔首懼闔曠素（曠職尸素也）於是與令巴郡朐忍先讜公謀（讜朐忍縣人時為華陽令公謀其字也朐音劬）圖議繕故斷度梼廊立室異處左右趣之莫不競慕二年正月己卯興就既成有元休嘉啓寤各得竭情（一作誠）福祿是顧刻石碑號吏卒俠路其辭曰

巖巖西嶽五鎮次宗（岱山為五嶽之宗則泰華為次宗）緒德之尊太華優隆皇帝永思祀典孔明高神肯宴圭璧贊通赫赫在上以畜萬邦惟嶽降神寔生羣公卿士百辟纘業攸蒙帝命不違歲事報功羣后命卿散齋外亭（前所謂華亭在廟之外）敬恭明祀以奉皇靈處所逼窄胥窣有聲神樂其靜脩彙無形（胥窣併居煩雜也窣蘇骨反脩彙飛騰迅疾之音肅暉言神人異處逼近則不敬）尊卑

有序潔心致誠因繕舊宇整頓端干在其校屋
孰不加精天人同道萬祚來迎旣受帝祉延于
後生爲龍爲光詩旣見君子爲龍爲光注龍寵也顯又王庭爲
公爲侯福禄來成刻石紀號永享利貞
府丞渤海劉固叔長功曹史楊儒曼先士簿
湖陽馗伯馮供曹掾楊基伯載史陝許禮文
化縣丞隴西彭和伯怡尤尉隴西甄璆叔曼
監典者門不掾駱瑗伯先主記史柏覽文進
戶曹掾魏嘗威長史田磐文祖將作掾曹鑒
孔明任就幼成史吳武丙昌

西嶽華山堂闕碑銘

禹貢南至于華陰註河自龍門南流至華山北而東行地理志華陰縣故陰晉秦惠文王五年更名寧秦高帝八年更名華陰太華山在南有祠考之碑文此廟蓋合祀河嶽之神

易曰天地定位山澤通氣易說卦之辭然山莫尊於嶽澤莫盛於瀆山嶽有五而華處其一瀆有四而河在其數其靈也至矣聖人廢興謂有聖人之位者必有其應故岱山石立中宗繼統漢五行志孝昭帝元鳳三年泰山萊蕪山南有大石自立眭孟以為當有廢人為天子者其後昭帝亡嗣宣帝自民間入紹大統廟號中宗太華授璧秦胡絶緒秦始皇三十六年鄭客至華陰

望見素車白馬從華山上下持璧與客因言今年祖龍死是歲始皇死於沙丘少子胡亥立三
年而秦亡白魚入舟姬武建業史記周武王東觀兵渡河中流白魚躍入
于王舟武王遂克殷受天明命寶珪出水子朝喪位左氏傳王子朝用成
周之寶珪于河津人得之河上將賁則為石注珪自出水時子朝篡天子位後二年奔楚而死
子朝周景王子也布五方則處其西列三條則居其中
五嶽各位其方而華居西禹貢西傾朱圉鳥鼠至于太華注相首尾而東正義舊說以為三條
馬融王肅皆以為導汧北條西傾中條嶓冢南條若廣裒一作扶奇蟲山
經有紀矣高廣陵怪山經載之見前廟記是以帝王巡狩親五
嶽而告至覲方后而考禮故經有望秩之禋虞書
禋于六宗又望秩于山川註名山大川如其秩次望祭之國語精意以享禋也典有生

殖之祀謂山川能生殖百物則載諸祀典祭法山林川谷丘陵民所取財用也非此族
則不在祀典蓋所以崇山川而報功也四海一統天
子秉其禮諸侯力政疆國攝其祭奉其邑曰華
陰也久矣乃紀於禹貢而分秦晉之境奉鄙晉
之西則曰陰晉史記魏文侯三十六年齊侯晉陰邊秦之東則
曰寧秦見題注邑既遷從禮亦如之二國力爭以
奉以祭邑入晉則晉奉祠邑入秦則秦奉祠其城險固基趾猶存
故老之言未殄於民也秦晉互據此邑築城以守之至漢統城久圮
壞遺趾尚在故老能言之逮至大漢受命克亂不愆不忘舊
名是復高祖更寧秦縣為華陰復禹貢舊名率禮不越故祀是尊

歷葉增脩虔恭又備一禱三祀終歲而四（前郊祀志五嶽四瀆皆有常禮唯泰山與河嶽五祠歲一禱三祠）以迄于今而世宗又經集靈之宮於其下（地理志華陰縣注太華山集靈宮武帝起世宗武帝廟號也後漢桓君山有集靈宮賦見藝文類聚）想喬松之疇是遊是憩（冀以招集王喬赤松子神仙之侶）郡國方士自遠而至者充巖塞崖鄉邑巫覡（胡狄反女巫也）宗祀（一作崇祀）乎其中者盈谷溢谿咸有浮飄之志愉悅之色必雲霄之路可升而越果繁昌之福可降而致也故殖財之寶黃玉自出（色如蒸栗）令德之珍卿相是毓匪惟嵩高降生申甫此亦有焉（詩維嶽降神生申及甫言山嶽之靈為國生賢東漢楊震華陰人累葉公輔震孫賜策曰故司空臨晉侯賜華嶽所挺九德咸備）天有所興必先廢之故殷宗周宣以衰致盛（因小乙之衰而有高宗因厲王之亂而有宣王）是時也王業中缺大化陵遲（謂靈獻閒）郡縣既毀財匱禮乏庭廟傾壞壇場蕪穢祭祀之禮有缺焉於是鎮遠將軍領北地太守閿鄉亭侯段君諱煨字忠明自武威占此土（地理志北地郡秦置武威郡故匈奴休屠王地武帝太初四年開東漢董卓傳初平元年使中郎將段煨屯華陰注武威人也建安三年詔討李傕以煨為安南將軍封閿鄉侯按郡國志閿鄉屬華陰）憑託河華二靈是與故能以昭烈之德享上將之尊銜命持重屯斯寄國（華陰元非所封故言寄國）討叛

柔服威懷，是示羣兇。既除郡縣，集寧家給人足，戶有樂生之歡。朝釋西顧之慮，而懷關中之恃，雖昔蕭相輔佐之功，功冠羣后，弗以加也。（後漢書鄧禹謂光武曰：昔高祖任蕭何於關中，無復西顧之憂，得專精山東，終成大業。前漢贊：高祖開基，蕭曹為冠。）遂解甲休士，陣而不戰，以逸其力。脩飾享廟壇場之位，荒而復辟。（辟與闢同。）禮廢而復興，又造祠堂，表以參闕。（參，三也。闕，廟前門觀。）建神路之端，首觀壯麗乎孔徹。（神路，所由入廟之路。觀，示也，去声。）然后旅祀祈請。（所謂三祀，一禱，旅，祭名。論語：季氏旅於泰山。）既有常處，雖雨霑衣而禮不廢。（禮記曾子問篇：諸侯旅見天子，入門雨霑服失容則廢禮。）於是邑之士女咸曰宜之，乃建碑刻石，垂示後裔。其辭曰：

於穆堂闕，堂闕昭明。經之營之，不日而成。匪奢匪儉，惟德是程。匪豐匪約，惟禮是榮。虔恭禋祀，黍稷芬馨。神具醉止，降福穰穰。

桐柏廟碑　王延壽

（書禹貢：導淮自桐柏。註：桐柏在南陽之東。孔穎達疏：地理志云桐柏山在南陽平氏縣東南，淮水所出。水經云出胎簪山，東北過桐柏山。胎簪蓋桐柏之旁小山。）

延熹六年（漢桓帝年號）正月八日乙酉，南陽太守中山盧奴張君，處正好禮，（言不肯諂事鬼神）尊神敬祀，以

淮出平氏始於大復潛行地中見於陽口荆州記曰桐柏淮源涌發其中潛流三十里東出大復山南山南有淮源廟漢書地理志南陽郡平氏縣注禹貢桐柏大復山在東南淮水所出豈大復山一名胎簪邪立廟桐柏春秋宗奉災異告譴控詞以請也七到反水旱請求位比諸侯王制天子祭天下名山大川四瀆視諸侯聖漢所尊受珪上帝言神執珪上帝所命太常定甲太常禮官昔為令甲郡守奉祀務潔沈祭潔粢牲也沈璧玉也周禮吉禮之別十有二五曰埋沈從郭君以來二十餘年不復身到遣行承事簡略不敬明神弗歆災害以生五嶽四瀆與天合德仲尼慎祭常若神在論語子之所慎齊戰疾又曰祭神如神在君準則大聖謂以仲尼為法

親之桐柏奉見廟祠崎嶇逼狹開拓神門立闕四達增廣壇場飾治華蓋高大殿宇穹齊傳館石獸表道靈龜十四衢廷弘敞宮廟嵩峻祗慎慶祀一年再至躬進牲牷執玉以沈為民祈福靈祇報祐天地清和異祥昭格禽獸碩茂草木芬芳黎庶預祉民用作頌其辭曰

泫泫淮源聖禹所導湯湯其逝惟海是造疏穢濟遠柔順其道弱而能強仁而能武聖賢立式明哲所取定為四瀆與河合矩烈烈明府好古之則虔恭禮祀不愆其德惟前廢弛匪恭匪力

爰告以興陰陽以感陟彼高岡臻茲廟側肅肅其敬靈祇降福雍雍其和民用悅服穰穰其慶年穀豐植望君輿駕扶老攜集慕君塵軌奔走忘食懷君惠貺思君罔極于胥樂兮傳於萬億春侍祠官屬五官掾章陵劉訢功曹史安衆劉瑗主簿蔡陽樂茂戶曹史宛任巽秋五官掾新野洪懿功曹史酈周謙主簿安衆鄭嶷主記史宛趙旻戶曹史宛謝綜按郡國志章陵故舂陵世祖更名宛故申伯國安衆蔡陽新野酈六邑並屬南陽郡掾屬皆郡人同攷漢世用人之法

九疑山碑舊註集中有碑目而亡其篇　蔡邕

山海經曰南方蒼梧之丘蒼梧之川其中有九疑山舜之所葬在長沙零陵界湘中記曰九山相似行者疑惑故名九疑

巖巖九疑峻極于天觸石膚合興播建雲公羊曰觸石而起膚寸而合不崇朝而徧雨乎天下者其泰山之雲乎時風嘉雨浸潤下民芒芒南土實賴厥勛逮于虞舜聖德光明克諧頑傲以孝烝烝師錫帝世堯而授徵受終文祖璇璣是承以上見虞書太階以平泰階六符魁下六星也楊雄長楊賦玉衡正而太階平璇璣丕衡察天文之器一云北斗星也人以有終遂葬九疑解體而升登此崔嵬託靈神仙人有生則有死

死則有葬聖凡同之後世或言舜尸解登仙者蓋假託神仙之說以為靈異

古文苑卷第十八

古文苑卷第十九

碑

楚相孫叔敖碑（不載述碑人姓名）

予遷漢故中常侍騎都尉樊君之碑

酈炎漢金城太守殷君碑（一作衛覬是歲侯碑文可證按史酈炎以熹平六年死此碑稱殷君光和二年卒乃次年）

邯鄲淳後漢鴻臚陳君碑

崔瑗河間相張平子碑

度尚曹娥碑　弟子邯鄲淳撰

楚相孫叔敖碑

楚相孫君諱饒字叔敖本是縣人也（是縣指立碑之所期思縣左傳宣公十一年令尹蔿艾獵城沂注艾獵孫叔敖十二年蔿敖為宰擇楚國之令典注蔿敖孫叔敖襄公十五年蔿子馮為大司馬注叔敖從子說文蔿姓楚有蔿氏世為大夫此云孫君諱饒未知何據）六國時期思屬楚楚都南郢南郢即南郡江陵縣也（六國周末時韓趙魏楚燕齊與秦為敵故不數秦也後漢郡國志汝南郡期思故蔣國前地理志苗郡江陵故楚郢都楚文王自丹陽徙此）君受純靈之精懷絕世之才有大賢次聖之質（貭）少見枝首蛇對其母泣吾將死母問其故曰吾聞見枝首蛇者死今日見之母曰若柰之何吾煞（殺）行數十步念獨吾死可空復令他人見之死爲

因埋掩其荆古荆字母曰若無憂焉其陰德玄善
遂爲父母九族所異枝即枝字枝首兩頭也亦名枳頭蛇賈誼書孫叔敖
之為児出遊還憂而不食其母問其故泣而對曰今日見兩頭蛇恐死母曰今蛇安在曰聞見
兩頭蛇者死恐他人復見之已殺而埋之母曰無憂汝不死矣吾聞之有陰德者天報以福
及其爲相呂氏春秋荆王欲以沈尹莖為令尹辭曰期思之鄙人有孫叔敖者理人布政以道
也王必用之臣不若也王於是使人迎叔敖以為令尹十二年而莊王霸
考天象之度敬授民時察日月星辰周天之度以正時令聚藏
於山殖物於藪聚古聚字藪去声言不竭取山澤之利宣導川谷
陂障源湶漑灌坱澤堤防湖浦以爲池沼鍾天
地之美收九罼之利以慇潤國家波古字通作陂漢書水居

干石魚波音陂湶即泉字睪古澤字慇音義與殷同殷富也元和郡國志壽州安豐縣有芍陂
灌田萬頃與陽泉陂大業陂並孫叔敖所作叔敖廟在陂塘之上家富人喜優
噡樂業拭序在朝野無螟蜮豐年蓄庾喜即喜字噡即
噡字螟蜮即螟蜮害稼虫人有曾閔貞孝之行四民美好從
容中節高相改幣一朝而化史記循吏傳孫叔敖為楚相施教導
民上下和洽世俗盛美吏無姦邪莊王以為幣輕更以小為大百姓不便市亂相言之王復之
下令三日而市復如故楚民俗好卑車王欲下令使高之相曰令數下民不知所欲不可請教
閭里使高其梱王許之居半歲民悉自高其車此不教而民從化其憂國忘私
乘馬三季不別牝牡世說諸葛亮教曰昔孫叔敖乘馬三年不知牝牡稱
其賢也繼高陽重黎五舉子文之統史記世家楚之先祖出自

帝顓頊高陽重黎少正之後係叔盖與楚同祖也按左傳鬬穀於菟實為令尹子文僖公二十七年楚使子玉治兵於蔿國老皆賀子文蔿賈後至不賀注蔿賈孫叔敖之父也具與子文為同時人昭公二年楚公子圍聘于鄭伍舉為介伍舉椒舉也後圍立是為靈王椒舉始用事故其世在孫叔敖之後此云繼統未詳文意亦不偶恐有誤其忠信廉勇禮樂文章軌儀同制同制謂先王制度所加之國其富國充民明天時盡地力霆堅禹稷不能踰也霆堅皋陶名左傳作庭堅尊國權寵而不榮華莊子肩吾問於叔敖曰子三為令尹而不榮華一旦可得百金至於殁齒而無分銖之蓄言為相時權勢可以取貨財而叔敖不取破玉玦不以寶財遺子孫終始若矢去不善如絕絃矢取其直絃斷不復續辟患害於無刑

古形字徹節高義敦良奇介自曹臧孤竹吴札子罕之倫不能縣也曹公子臧孤竹二子伯夷叔齊吴季札四人皆遜國宋子罕辭玉不受並廉介之士縣與之齊註駕車之馬兩服兩縣比物比方必欲均齊生於季末仕於靈王按謚法亂而不損曰靈猶周書稱甯王召南稱平王非謂靈王圍也圍後莊王四世叔敖初仕穆王時後相莊王莊王即春秋所書楚子呂也賢於時君春秋進之立溷濁而澄清處幽暗而照明其遺武餘典恨不與戲皇帝代同世世為列姃國在朝廷其意常墨墨若冠章甫而坐塗炭也姃即姬字同姬姓自黃帝居姬水之陽因以為姓言叔敖之賢若生中國遇明聖之朝當分封作土與姬姓諸國世奉天子今乃生于荊楚不遇明君故可恨也病甚臨卒將無棺槨令其

子曰優孟曷許千金貸吾孟故楚之樂長與相
君相善雖言千金實不貸也優伶人也字孟假託辭以其子於孟
實未嘗貸卒後數歲莊王置酒以爲樂優孟乃言孫
君相楚之功即忼慨髙歌曲曰貪吏而可爲而
不可爲廉吏而可爲而不可爲貪吏而不可爲
者當時有污名而可爲者子孫以家成廉吏而
可爲者當時有清名而不可爲者子孫困窮披
褐而賣薪貪吏常苦富廉吏常苦貧獨不見楚
相孫叔敖廉潔不受錢涕泣數行若投首王欲言
叔敖妻子貧困語未竟故作帰投赴愬之狀史記滑稽傳載優孟貪吏廉吏之辭與此碑小異

王心感動覺悟問孟孟具列對是以賣薪事對即來其
子而加封焉子辭父有命如楚不亡亡臣社稷
畱畱即圖字誤也而欲有賞必於潘國下濕墝埆人所
不貪國於瘠土免爲有力者所奪遂封潘鄉即固始也三九
無嗣國絕祀廢郡國志固始侯國故寢也光武中興更名有寢丘注史記曰楚
莊王封孫叔敖子然則潘即寢丘一鄉耳二十七年國絕不續封見初封出於彊勉以終世爲
列姬國懿固始令段君夢見孫君則存其後就其故
祠爲架廟屋立石銘碑春秋烝嘗明神報祚即
歲還長役太守及期思縣宰漢武帝得休屠王故地置張掖郡長
役隸焉或從省耳一歲再還盖假太之名以重縣宰之權張掖未嘗之任守段君諱

[illegible]字世賢魏郡鄴人庶慕先賢庶幾古賢而景慕之體德允恭篤古遵舊奉履憲章欽翼天道五典興通孜籍祭祠祇肅神明臨縣一載志在惠康葬枯粟乏愛育黎蒸討掃醜類鰥寡是矜杜偽養善是忠表仁感想孫君延發嘉訓興祀立壇勤勤愛敬念意自然刻石銘碑千載表績萬古標記福祐期思縣興士織孫氏蒙恩國始脩舊祠期思新興壇宇二處皆立碑福祐之應隨所寓言之漢延熹三年五月廿八日立

漢故中常侍騎都尉樊君之碑

後漢樊宏字靡卿南陽湖陽人也世祖之舅其先周仲山甫封于樊因而氏焉世祖即位拜宏光祿大夫位特進次三公建武五年封長羅侯十五年定封壽張侯十三年封弟丹為射陽侯兄子尋玄鄉侯族兄忠更父侯宏卒子儵嗣後封少子茂為平望侯樊氏侯者凡五國

君諱安字子佑南陽湖陽人也厥祖曰仲山父翼佐周宣出納王命為之喉舌以致中興並見詩食菜于樊周語樊仲山甫注食菜于樊子孫氏焉奕世載德守業不愆宏父重字君雲性溫厚有法度三世共財居鄉有折契止訟之美在漢中葉篤生哲媛作合南頓實產世祖南頓令欽景帝六世孫也配樊氏樊重之女本紀論曰皇考南頓君初為濟陽令以建平元年十二月甲子夜生光武於縣舍征討逆畔復漢郊廟而樊氏以帝元舅顯

爭茅土封寵五國壽張侯以功德加位特進其次並已高聲處鄉校言地望既高而篤於學問侍中尚書據州典郡不可勝載爲天下學治韓詩論語孝經兼典記傳古今異義甘貧樂約意不回貳天資淑慎稟性有直秉操不移不以覲貴世政促峻邑宰寡識慢賢役德被以勞事然後慷慨官于王室歷中黃門冗從儀史拜小黃門小黃門右史遷藏府令中常侍黃門常侍皆得入禁中給事左右常侍多為大夫博士以上加官朱穆疏云按漢故事中常侍參選士人建武以後乃悉用宦者又云自和熹太后以女主稱制乃以閹人為常侍小黃門通命兩宮攷之此碑可驗顏師古注百官表云中黃門謂奄人居禁中在黃門之內給事者參攷未的其事上也貞固密慎矜矜戰戰作主股肱助國視聽外職不誣內言不泄爲近臣楷模以兄弟並盛雙據二郡宗親頼榮年五十有六以永壽四年二月甲辰卒按桓帝紀是年六月戊寅改元延熹朝思其忠追拜騎都尉寵以印綬策書襃歎賻贈有加嗣子遷寔以幼弱夙叙王爵而喪所天禮備復位謂二十七月喪制畢而復位以延熹三年冬十有一月自止蒸祭爾雅冬祭曰蒸蒸進也進品物乃尋惟烈考恭脩之懿勒之碑石俾不失墜其辭曰

虩虩我君，台帝躬是翼。虞書予欲左右有民汝翼王事多難，我君是力。詩仲山甫威儀是力秉此小心，以亮皇職。惟帝念功，庸以興服。書明試以功車服以庸大命傾霣，魂神遷佚。龜艾追贈。龜印紐也艾所以染色謂綠綬也百官表諸侯王盭綬盭音灼曰數草名也似艾可以染綠為後人法式用光其德，藹藹遺稱。作是作式。呈與程同言可為後人法式勒銘茲石，垂示罔極。勳名不刿，永昭千億。刿音掇刊也

制詔中常侍樊安：宿衛歷年，恭恪淑慎，嬰被疾病，不幸蚤終。今使湖陽邑長劉惨追號安為騎都尉，贈印綬。魂而有靈，嘉其寵榮。嗚呼哀哉！延熹元年八月二十四日丁酉下。

漢金城太守殷君碑　衛覬

君諱華，字叔時，上郡之陽人，大匠君之子也。其先出自有殷，因國定氏，不陂其號。聖哲玄流，謂成湯而下哲王至君而懿。幼應瓊蕤之美，詩乃生男子載弄之璋左傳燕姞夢天與己蘭而生鄭穆公應一作膺長有冲邈之志。敦詩閱禮，左傳晉郤縠為中軍帥閱禮樂而敦詩書韜罽竹貢，誕循前業。韜方輔反觸徒木反弓韣也貢籲策也言文武之具克遵前業守以恪恭，仕歷州郡。忠愕有分，其大操也。耽耽虎視，龍變不羈。易虎視耽耽言威重也史記文大龍變言如龍虵之變化也故能雄傑於并域

聲班於上京（地理志上郡屬并州上京漢京河南尹也）察何孝廉貢

除郎中左（一作佐）馮翊丞協宣文物公事知州舉

茂才宛丘令崇行寬猛示之禮禁（宛丘縣屬南陽郡為令恩威並施）褒延庠校政以惠和三載陟隕邪臨金城（隕與勛同占勳字鄣與障同障塞也言為令三載朝以有功於民升為金城太守不直隣臺省盤旋外庸故曰邪臨或謂金城地在西比邪臨猶邪指也）避難遷

移役兼民匱室如懸罄（家無儲積也左傳野無青草室如懸罄）乃

敷權略獎厲威信獫狁率服不敢窺踰（獫狁北狄周曰獫狁漢曰匈奴不敢窺伺中國踰越疆界）兵戰而時動因省獵以習

義興利弭患順其所樂開通狹道造作傳館吏

事咸悅不勞而勸是以搢紳之徒譚講雅誦釋

軍旅之犀革陳俎豆於泮宮（犀銛和之兵刃革穿皮以為甲泮宮諸侯之學言武備既飭脩講文事）其艾檐軨（其當作期百年曰期頤艾老人斑白狀檐音旦有輿也今人亦謂轎為檐軨車也言泮宮養老以車輿延致之）旌顯才良

咨量三壽賞刑不僭（三壽三老也詩三壽作朋咨訪三老以酌量其政故賞罰均平不至僭差）邦場寧靜歲時豐登耆叟擊壤童齔

謳謠功碁垣列當升寵祚（到任期年功績顯著宜裕之茅土）旻

不耆德旻命失靈以光和元年九月乙酉卒官

生有嘉休終則鼎銘於是故吏邊笠江英韓遂

者（一作緒）等追送遝丘（塋域之所）刊石勒勳其辭曰

兮惟明后懷德握醇昆台之縣秀出不羣昆台未詳恐是昆吾字昆吾石冶鐵鑄劍光彩照燿切玉如泥列子穆王征西戎西戎獻昆吾劍文昭有毅武列能仁含舒憲墨以育生民乘紀東壤西國著勛身没名流載世常存古之遺老非此孰云予爾臣恩續一作纘其臭芬

後漢鴻臚陳君碑　邯鄲淳

本傳陳寔字仲弓潁川許人也除太丘長脩德清靜百姓以安子紀字元方亦以至德稱兄弟孝養閨門雝和後進之士皆推慕其風及遭黨錮發憤著書數萬言號曰陳子黨錮解四府並命無所屈就遭父憂每哀至輙嘔血絕氣雖衰服已除而積毀消瘠殆將滅性豫州刺史嘉其至行表上

尚書圖像百城以厲風俗董卓入落陽乃使就家拜五官中郎將不得已到京師遷侍中出為平原相時議欲以為司徒紀見禍亂方作不復辯嚴即時之郡璽書追拜太僕又徵為尚書令建安初拜大鴻臚年七十一卒于官弟諶與紀齊德父子並著高名時號三君

君諱紀字元方太丘君之元子也始祖有虞受禪陶唐亦以命禹其後嬀滿當周武王時祚一作胙土于陳史記陳世家武王克殷求舜後得嬀滿封之於陳君其世也君生應乾坤之純質受嵩岳之粹精内包九德外兼百行淵深淪於不測膽智應於無方弘裕足以容衆矜嚴足以正世然後研幾道與涉覽

文學凡前言往行竹帛所載靡不坐該其善也亹亹焉其誘人也是以令聞廣譽塞于天淵儀形嘉誨範乎人倫存乎本傳故畧舉其著於人事者焉顯考以茂行崇冠先儔 世說客有問陳季方曰太丘有何功德而荷天下重名季方曰家君如桂樹生泰山之阿上為甘露所沾下為淵泉所潤當斯之時桂樹焉知泰山之高淵泉之深不知有功德與無也 季弟亦以英才知名當世孝靈之初並遭黨錮 建寧二年有司奏虞放杜密李膺等皆為鉤黨下獄錮及五屬 俱處于家號曰三君故得奉常供養以循子道親執饋食朝夕竭歡及太丘君疾病終亡喪過乎哀崩傷嘔血如此者數焉服禮既除戚容彌甚聞名心矍言及隕涕雖大舜之終慕 孟子大孝終身慕父母五十而慕者予於大舜見之 曾參之自盡 孟子親喪固所自盡也曾子居親喪水漿不入於口者七日 無以踰也豫州刺史嘉懿至德命勑百城圖畫形象 先賢行狀曰豫州百城皆圖畫寔紀讃形像焉 于今遺稱越在民口既處隱約潛躬味道足不踰閾乃覃思著書三十餘萬言不務華事不虛設其所交釋合贊規聖哲而後建旨明婦焉今所謂陳子者也初平之元禁罔蠲除 本紀初平元年赦天下黨人還諸徒者 四府並辟弓旌交至 弓旌所以招聘賢者 雖崇其禮命莫敢屈用大將軍何進表

選明儒君爲舉首公車特徵起家拜五官中郎將（此疑與本傳小異蓋卓入洛陽時表選召拜君者何進也觀君對卓遷都之問即時之平原其不爲卓屈明矣）到遷侍中旬有八日出相平原會孝靈晏駕賊臣秉政（董卓爲相國）肆其兇虐剝亂宇内州郡幅裂戎輿並戒君冐犯鋒矢勤恤民隱馴之以禮教示之以知耻視事未朞士女向方會剌史敗於黃巾（張角反其部師有三十六萬皆着黃巾）幽冀二州爭利其土（二州刺史因世亂竊據土地以爲已利）君料敵知難不忍其民爲已致死乃辭而去之於是老弱隨慕扳轅持轂輪不得轉遂晨夜間行寓於邳郯之野（漢地理志東海郡有下邳縣郯縣按史記鄒費郯邳皆小國也）袁術恣睢僭號江淮圖覆社稷（按三國術以興平二年僭號以九江太守爲淮南尹置公卿祠南北郊）結婚呂布斯事成重必不測救君諗布不從遂與成婚送女在塗君爲國深憂乃奮策出奇以奪其心卒使絕好追女而還雖逆姦謀使不得成國用乂安君之力也（呂布傳袁術爲子求婚布許之術遣韓胤以僭號事告布因求迎婦布遣女隨之沛相陳珪恐術報布成婚則徐楊合從爲難未已於是往説布布素怨術而女已在塗乃追還絕婚史以爲陳珪未知孰是抑二人共爲此謀）唯帝念功命作尚書令會車駕幸許（獻帝建安元年曹公操奉迎天子幸許遂遷都焉）拜大鴻臚實掌九儀四門

穆穆（東漢記大鴻臚主儐贊九賓之禮虞書賓于四門四門穆穆）遂登補袞闕以熙帝載不幸寢疾年七十有一建安四年六月卒惜乎懷道處否登庸日寡實使大業不究元勳靡建茲海內所為嗟悼凡百所以失望也天子愍焉使者弔祭羣卿以下臨喪會有子曰羣追惟蓼莪罔極之恩（羣位至三公名德不及祖父時人為之語曰公慙卿卿慙長蓼莪孝子不得終養之詩也其詞曰欲報之德昊天罔極）乃與邦彥碩老咨所以計功稱伐銘贊之義遂樹斯石用監于後其辭曰

於穆上德時惟我君固天縱之天（一作大）鍾厥純

命世作則實紹斯文遭險龍潛抗志浮雲（謂因黨錮家居易潛龍勿用論語不義而富且貴於我如浮雲）所貴在己樂存事親雖處畎畝天子屢聞乃階郎將陪帝作鄰（謂由五官中郎將而階升為天子左右近臣詩無階無鄉書臣哉鄰哉）平原寇深遂辭其民思齊古公邠土是因（言君之愛民與民之戀君與古公齊德古公亶父避狄去邠事見孟子）不忘諗國惠我無垠復命喉舌秉國之均（尚書令也）爰登卿士媚茲一人（鴻臚在漢為九卿詩媚于天子注媚愛也）如何穹蒼不慭遐年勦厥在位每懷不申股肱或虧朝誰與詢（股肱之臣既喪朝有政事無所諮訪）煢煢小子號泣于旻（作碑者自謂）勒銘表德久而彌新

河間相張平子碑　崔瑗

後漢書張衡字平子南陽西鄂人也少善屬文通五經貫六藝尤致思於天文陰陽歷筭安帝徵拜郎中再遷為太史令乃研覈陰陽妙盡璇璣之正作渾天儀著靈憲筭罔論言甚詳明永和初出為河間相明年卒注西鄂縣在今鄧州向城縣南有平子墓及碑在焉崔瑗之文也

河南相張君南陽西鄂人諱衡字平子其先出自張老為晉大夫納規趙武而反其侈書傳美之 趙武謚文子晉語文子為室斲其椽而礱之張老曰天子之室斲其椽而礱之加密石焉諸侯礱之大夫斲之禮也文子令勿礱匠人請皆斲之文子曰止為後世之見之也其斲者仁者之為也其礱者不仁者之為也 君天姿睿哲敏而好學如川

之逝不舍晝夜是以道德漫流文章雲浮數術窮天地制作侔造化 言渾天儀也范曄論引之 瓌辭麗說奇技偉藝磊落煥炳與神合契 言靈憲筭罔論也 然而體性溫良聲氣芬芳仁愛篤密與世無傷可謂淑人君子者矣初舉孝廉為尚書侍郎遷太史令實掌重黎歷紀之度亦能焞燿敦大天明地德光照有漢 史記南正重司天火正黎司地鄭語黎為高辛氏火正以焞燿敦大天明地德光照四海言重黎典序天地能使日月增煇山川順理其功光照當世今平子為太史令亦能如此光耀於漢室無愧重黎之職焞音淳 遷公車司馬令侍中遂相河間政以禮成民是用息 本傳時河間王政驕奢不遵典憲衡

下車治嚴整法度上下肅然遵命不永闇忽罨徂本傳年六十二永和四年卒闇忽猶奄忽也罨古遷字朝失良臣民隕令君大泯斯道世喪斯文凡百君子靡不傷焉乃銘斯表以旌厥聞其辭曰

於維張君資質懿豐德茂材羙美一作高明顯融焉所不學亦何不師論語夫子焉不學而亦何常師之有盈科而逝成章乃達孟子流水之為物也不盈科不行君子之志於道也不成章不達一物不知實以為恥聞一善言不勝其喜包羅品類稟授無形酌焉不竭沖而復盈稟稟其庶亹亹其幾易顏氏之子其殆庶幾乎膺數命世紹聖作師言當世無居其右者應數間生命世之才繼前聖以為師苟華必實令德惟恭柔嘉伊則孝友祗容名出在茲維帝念功言出為河間相也書名出茲在茲惟帝念功往才女諧古文尚書哉作才化洽民雖隧而不弔降此咎兇詩昊天不弔降此鞠兇哲人其萎礼記哲人其萎乎書民罔不時恫恫痛惜也罔不時恫紀於銘勒永終譽兮死而不朽芳烈著兮

歐陽氏集古目録跋尾漢張平子墓銘世傳崔子玉撰并書按范曄漢書張衡贊云崔子玉謂衡數術窮天地制作侔造化今銘有此語則真子玉作也其刻石為二本一在南陽

一在向城天聖中有右班殿直趙球者知南陽縣事因治縣廨毁馬臺得一石有文驗之廼斯銘也遂龕于廳事之壁其文至凡百君子而止其後半亡矣其在向城者今尚書屯田員外郎謝景初得其半於向城之野自凡百君子已上其前半亡矣今以二本相補續其文遂復完而闕其最後四字然則昔人爲二本者不爲無意矣唐寶應中有徐方回者別得二十一字云是銘最後文疑球所得南陽石之半亡者爾今後不復見則又亡矣惜

哉

曹娥碑　邯鄲淳

會稽典録曰上虞長度尚弟子邯鄲淳字子禮時甫弱冠有異材尚先使魏朗作曹娥碑文成未出子禮至試使為之操筆而成無所點定朗嗟歎不暇遂毁其草

孝女曹娥者上虞曹盱之女也其先與周同祖文王之子振鐸封於曹末胄荒流一作沉爰茲適居盱能撫節按歌婆娑樂神詩子仲之子婆娑其下毛氏注婆娑舞也後漢書列女傳云泝濤迎婆神恐非以漢安二年五月時迎五君漢安順帝年號二年歲在癸未伍子胥為濤神逆濤而上為水所淹不得其

尸時娥年十四號慕思盱哀吟澤畔旬有七日遂自投江死娥投衣於水祝曰父尸所在衣當沉衣隨流至一處而沉娥遂隨衣没衣或作瓜見項原列女傳經五日抱父屍出以漢安迄于元嘉元年青龍在辛卯元嘉桓帝年號青龍太歲也漢安二年至此凡九年莫之有表度尚設祭誄之列女傳云度尚改葬娥於江南道旁為立碑焉辭曰懿伊孝女曄曄之姿偏其反而令色孔儀窈窕淑女巧笑倩兮宜其家室謂娥姿容之美宜配君子在洽之陽大禮未施大明詩在洽之陽洽水名水北為陽言文王親迎大姒于華也此禮未施謂娥在室未嫁嗟喪慈父彼蒼伊何無父孰怙訴伸告哀赴江永號視死如歸是以眇然輕絕投入沙泥翩翩孝女載沉載浮或泊洲渚一作嶼或在中流或趨湍瀨或逐波濤未還父尸漂流靡定千夫失聲悼痛萬餘觀者填道雲集路衢泣淚掩涕驚慟國都是以哀姜哭市左傳魯文公夫人姜氏歸于齊將行哭而過市曰天乎仲為不道殺適立庶市人皆哭杞崩城隅齊杞梁之妻哭其夫而哀城為之弛而隅為之崩二者言誠之能感或有尅面引鏡梁高行者早寡不嫁梁王使聘之婦援鏡操刀以割其鼻曰刑餘之人殆可釋矣王高其節號曰高行剺耳用刀沛郡劉長卿妻吳孫奇妻皆少寡守節援刀割耳明已不二坐臺待水楚昭王出遊留夫人漸臺之上王聞江水大至使迎夫人急持符夫人曰妾不敢越義而求生水大至而死號曰貞姜並列女傳抱樹而燒介之推母與推俱隱

焚上山中晉文公求之不能得焚其山終不出而就死又操琴曰介子抱木而燒死四者言秉節不蹈於虛孝女德茂此儔何者大國防禮自脩

豈況廢賤露屋草茅不扶自直不鑣一作斷自彫

後漢徐稺傳有此兩語說苑蓬生枲中不扶自直越梁過一作過宋比之

有殊梁謂梁高行宋謂宋伯姬皆大國之女也伯姬遇火傳至姆不至不肯下堂而燒死

春秋賢之按上文抱樹而燒當用伯姬事抱樹字恐傳寫誤亦哀此貞厲一作獨

千載不渝嗚呼哀哉辭曰

名勒金石質之乾坤歲數曆祀立廟起墳光于后土顯昭天人生賤死貴利之義門何悵華落飄零早分葩艷窈窕永世配神言當配享江神若堯二

女爲湘夫人時効髣髴以昭後昆楚詞有湘君湘夫人堯之二女娥皇女英世廟在湘山

漢議郎蔡邕聞之來觀夜闇以手摸其文而讀之邕題文云黃絹幼婦外孫齏臼語林楊脩至江南讀曹娥碑碑背有八字曰黃絹幼婦外孫齏臼曹操不解問脩曰即知否脩曰知之操曰且勿言待思之行三十里乃得之令脩解脩曰黃絹色絲絕字幼婦少女少女妙字外孫女子好字齏臼受辛受辛辭字操曰一如孤意

古文苑卷第十九

古文苑卷第二十

誄

楊雄元后誄

傅毅北海王誄

魏文帝曹蒼舒誄

元后誄　楊雄

漢書本傳孝元皇后王莽之姑也莽簒漢國號新更命太皇太后為新室文母年八十四崩莽詔大夫楊雄作誄曰太陰之精沙麓之靈作合於漢配元生成著其協於元城沙麓太陰精者謂夢月也

新室文母太后崩天下哀痛號哭涕泗思慕功德咸上柩誄之銘曰上柩謂陳薦之物一無柩字

惟我有新室文母聖明皇太后姓出黃帝西陵昌意實生高陽史記黃帝娶於西陵之女生二子其二曰昌意降居若水昌意生高陽有聖德焉是為帝顓頊昌意至舜七世矣純德虞帝孝聞四方登陟帝位禪受伊唐爰初胙土陳田至王漢書本傳黃帝八世生虞舜舜起嬀汭以嬀為姓至周武王封舜後嬀滿於陳十三世生完字敬仲奔齊齊桓公以為卿姓田氏十一世田和有齊國二世稱王至王建為秦所滅項羽起封建孫安為濟北王漢興安失國齊人謂之王家因以為氏營相厥宇度河濟旁沙麓之靈太陰之精翁孺徙魏元城委粟里元城建公曰昔春秋沙麓崩晉史卜之曰後六百四十五年宜有聖女興其齊田乎今王翁孺徙正直其地日月當之元城郭東

有五鹿之虛即沙麓也翁孺生禁禁生政君即元后也毋李氏懷政君在身夢見月入其懷
天生聖姿豫有祥禎作合于漢配元生成本傳五鳳
中后入掖庭宣帝令送太子宮甘露三年生成帝於甲觀畫堂元帝即位立為皇后孝順
皇姑承家尚莊一作聖敬齋莊皇姑宣帝王皇后母養元帝者也內則
純被一作備內則閨閫之度也禮記有內則篇禮後列丕光肇初配
先天命是將兆徵顯見新都黃龍將大也謂元帝時黃龍見
下新都以為莽竊位之讖漢成既終亂嗣匪生成帝無子立定陶恭王子
為皇太子是為哀帝哀帝承祚惟離典經尚是言異帝入繼大
統尊定陶恭王為恭皇因曰春秋毋以子貴尊傳太后為帝太太后丁姬為帝太后皆不合典
禮惟是巳者是尚其言寔垂於正理大命俄顛厥年夭隕大終不

盈哀帝在位六年壽二十六文母覽之千載不傾太后察此為基作不
傾之計博選大智新都宰衡明聖作佐與圖國難
以度厄運徵立中山新都侯莽迎立中山王是為平帝莽秉政號曰宰衡
废其可濟博采淑女備其姪娣覲一作親禮高禖
祈廟嗣繼太后為平帝聘莽女為后又備媵女祀高禖祈嗣續以衍宗廟之繼靡
格匪天靡動匪地穆穆明明昭事上帝弘漢祖
考夙夜匪懈興滅繼絕博立侯王親睦廢族昭
穆序明帝致友屬靡有遺荒咸被祚慶平帝紀二年立
代孝王玄孫之子如意為廣宗王江都易王孫盱台侯宮為廣州王廣川惠王曾孫倫為廣德
王封霍光從父昆弟曾孫張敖周勃樊噲之後皆為列侯冀以金火赤仍有

央（金劉姓火漢德赤火之色有央猶未央也言莽火德之方惰）勉進大聖上
下兼該（大聖指莽也上文皆諛詞以文華之發諛）羣祥衆瑞正我黃
來火德將滅（莽自以代漢為土德色尚黃）惟后于斯天之所
壞人不敢支衰平大析百姓分離祖宗之愆終
其不全天命有託謫在于前屬遭不造煢（一作第）
極而遷皇天眷命黃虞之孫歷世運移屬在聖
新代于漢劉受祚于天漢祖承命赤傳于上（言漢不敢違天命遂以火德傳于土德）攝帝受禪立為真皇允受（一作執）
厥中以安黎衆漢廟黜廢移定安公（莽纂位封孺子嬰為定安公）皇皇靈祖惟若孔臧降茲珪璧命服有

常為新帝毋鴻德不忘欽德伊何奉命是行菲
薄服食神祇是崇尊不虛統惟祇惟庸（一作惟垣惟墉）
隆循（一作脩）人敬先民是從承天祇家允恭虔恪
豐阜庶卉旅力不射恤民于留不皇詭作（以崇本務農為悠久之道弋獵末事弗暇為之爾雅云留久也）別計十邑國之是度
還奉于此以處貧薄（平帝紀元始二年太后省所食湯沐邑十縣屬大農別計其祖以贍貧民）罷苑置縣築里作宅以處貧窮哀此
婺獨（罷安定呼池苑以為安民縣又起五里於長安城中宅二百區以居貧民）起常
盈倉五十萬斛為諸生儲以勸好學（王莽傳云為學者築舍萬區作市常滿倉蓋元始中猶避惠帝諱至此方稱常盈）志在黎元是勞是

勤春巡灞滻，秋臻黄山（灞滻長安城中二水名，黄山宫名在槐里），夏撫鄠杜（扶風二縣名），冬䘏涇樊（涇水之際。撫䘏謂因游覧而施恩惠）。大射饗飲，飛羽之門（飛羽殿在未央宫中）。綏宥耆幼，不拘婦人。刑女歸家，以育貞信（元年天下女徒已論歸家，復貞婦鄉一人三年。詔曰：復貞婦，歸女徒，欲以全貞信）。玄冥季冬，搜狩上蘭（上蘭觀名，在上林中）。寅賓出日，東秩暘谷。鳴鳩拂羽，戴勝降桑（寅賓東秩見虞書。穀雨又五日鳴鳩拂其羽，又五日戴勝降于桑，皆蠶候也）。蠶于繭館（漢宫殿疏云：上林苑有繭觀，盖蚕繭之所也），躬筐執曲，帥導群妾，咸循蠶蔟（筐曲皆育蚕之具，蔟竹器，以茅藉之，承老蚕作繭）。分繭理絲，女工是敕。遐邇蒙祉，中外禔福。自京逮海，靡不仰德。成類存生，秉天地經。無物不理，無人不寧。尊號文母，與新有成。世奉長壽（莽隳壞孝元廟，獨置故殿為文母篹食堂，既成，名曰長壽宫），靡隳有傾。著德太常，注諸旒旌。嗚呼哀哉！以昭鴻名，亭國六十，殖落而崩（后以初元元年癸酉歲立為皇后，至王莽建國三年癸酉歲崩）。四海傷懷，擗踊拊心，若喪考妣，遏密八音。嗚呼哀哉！萬方不勝，德被海表。彌流魂精，去此昭昭，就彼冥冥。忽兮不見，超兮西征。既作下宫（墳塋也），不復故庭。爰緘伊銘，嗚呼哀哉（誄中事具本傳幷王莽傳）！

北海王誄　傅毅

後漢書北海靖王興齊武王伯升子也建武二年封魯王後徙為北海王顯宗器重興每有異政輒乘驛問焉立三十九年薨王嘗試守緱氏令為人明習善聽訟惟得名稱遷弘農太守亦有善政

誄曰永平七年北海靜王薨於是境內市不交易塗無征旅農不脩畝室無女工感傷慘怛若喪厥親俯哭后土仰愬皇旻於惟群英列俊靜思勤銘惟王勛德是昭是明存隆其實光曜其聲終始之際於斯為榮乃作誄曰

覽視昔初若論往代若順也有國有家篇籍攸載貴尠不驕滿罔不溢莫能履道聲色以卒惟王建國作此藩弼撫綏方域承翼京室對揚休嘉光昭其則溫恭朝夕敦循伊德

曹蒼舒誄　魏文帝

曹沖字蒼舒魏公操子母曰環夫人魏文帝之弟也少聰察岐嶷有成人之智年十三病卒曹公哀甚為娉甄氏亡女與合葬贈騎都尉印綬

惟建安十有五年五月甲戌童子曹蒼舒卒嗚呼哀哉乃作誄曰

於惟淑弟懿矣純良誕豐令質荷天之光既哲且仁爰柔克剛彼德之容茲義肇行猗歟公子終然允臧宜逢介祉以永無疆如何昊天雕斯

俊英嗚呼哀哉惟人之生忽若朝露役役（一作促促）百年亹亹行暮矧爾夙夭十三而卒何辜于天景命不遂蕪悲憯增傷侘傺失氣（離騷忳鬱邑余侘傺註侘敕加敕駕二切傺丑利敕界二切失志貌）永思長懷哀爾罔極貽爾良妃（謂甄氏合葬左傳嘉偶曰妃音配）禭爾嘉服（謂贈印綬）越以乙酉宅彼城隅增丘峩峩寢廟渠渠（詩夏屋渠渠言深廣也）姻嬪雲會充路盈衢悠悠羣司岌岌其車傾都蕩邑爰迄爾居塊而有靈庶可以娛嗚呼哀哉（禮男子十三成童死則稱下殤言未成人也蒼舒之葬配以甄氏死女又竊王朝命服以加之為立寢廟悖禮甚矣曹氏父子所謂小人而無忌憚者也）

古文苑卷第二十

古文苑卷第二十一

賦十四首舊編載此諸篇文多殘缺搜檢它集互加參證或補及數句猶非全文姑存卷末以俟博訪

賈誼虡賦

劉向請雨華山賦

劉歆甘泉宮賦

傅毅琴賦

蔡邕協和昏賦　琴賦

胡栗賦　述行賦

魏文帝浮淮賦

王粲大暑賦

曹植述行賦

劉楨大暑賦

應瑒靈河賦

頌三首

傅毅東巡頌

蔡邕東巡頌　南巡頌

蔡邕九惟文一首

虡賦　賈誼

考工記梓人為筍虡天下之大獸五臝者羽者鱗者以為筍虡注樂器所

縣橫曰筍植曰虡此賦蓋指鍾虡前後俱闕文

妙彫文以刻鏤兮象巨獸之屈奇兮皃氏為鍾鄭玄注今時旋有蹲熊盤龍辟邪戴高角之峩峩負大鍾而顧飛美哉爛兮亦天地之大式歐陽詢藝文類聚載賈誼虡銘云攷太平以深志象巨獸之屈奇妙彫文以刻鏤舒循尾之采垂擧其鋸牙以左右相指負大鍾而欲飛

請雨華山賦　劉向字子政西漢書有傳

此文闕訛難讀姑存其舊以俟識者

崆巃巍崝隈山清忽幽昧往曲勃林岑茉崔一作蘿竭離安連迎喋通谷曼服慷奮草均阿阪殷紛聲沸路遼遠調脩崒嶉寒服嶼冥冥蘭蔓散峽崝崝此雀反㑣㑣溱溱路黍稷雲嵷忽傳天下爲深墱旅請今深渥水谷密請宜今所出百鐕鐕清池涌泉淡州鳴一作鳴鴦翔喋喋殊侶診賞懸若神悲哀一作衺但往一作但住不可語人麃膚膚麋㑣他他野牛勝握觸熊蕃蕃律怒佛特林旅象犀虒遊山陵天陰且雨負日聆棠柘梓桐樛梢母猴猿木戲手相持睠陽蹤梦若風時憚鴦颺陽鸞孔翠文章明蠒一作滕黃同苑倉游山旁幌蠒狐狢臨水凝渾兮不觸果必方壴格可爲幌陵鯉雞神龜春夏出游冬自根聖人親之誠眞

哉號拖何不可勝亦路臨何爲華山

甘泉宮賦　劉歆

三輔黃圖甘泉宮一曰雲陽宮秦始皇作在雲陽縣甘泉山漢武增廣之周十九里乃黃帝以來圓丘祭天處故武帝以後皆於此祀天成帝時揚雄從祠甘泉還奏賦以諷此賦不及祠祝後有闕文也

軼凌陰之地室過陽谷之增城按黃圖甘泉山在九峻山之北虞陽縣之西廻天門而鳳舉躡黃帝之明庭漢郊祀志黃帝接萬靈明庭明庭者甘泉也冠高山而爲居乘崑崙而爲宮掖軒轅之舊處居北辰之關中黃圖咸陽宮殿象天極帝居故此宮在北辰環城之內關一本作閎背共工之幽都向炎神之祝融言負北向南也封巒爲之東序緣石闕之天梯封巒石闕皆觀名在甘泉苑垣內桂木雜而成行芳肸蠁之依斐翡翠孔雀飛而翱翔鳳凰止而集棲甘醴涌於中庭激清流之瀰瀰黃龍遊而蜿蟺音蜒蜿神龜沉於玉泥離宮特館接比相連雲起波駭星布彌山高巒峻阻臨洮廣衍深林蒲葦涌水清泉芙蓉菡萏菱荇蘋蘩豫章雜木楩松柞棫女貞烏勃桃李棗檍

琴賦　傅毅

桓譚新論神農氏削桐爲琴繩絲爲弦以通神明之德合天人之和廣雅

曰神農氏琴長三尺六寸六分上有五絃曰宮商角徵羽文王增二弦曰少宮少商

歷松岑而將降睹鴻梧於幽阻高百仞而不枉對脩條而特處蹈通涯而特遊圖茲梧之所宜信雅琴之麗樸乃升升一作代其孫枝孫枝附生枝也嵇康琴賦乃斲孫枝准量所任至人攄思制為雅琴眉山蘇氏曰凡木本實而末虛惟桐反之試取小枝削皆堅實如蠟而其本皆虛故世所以貴孫枝者貴其實實故絲中有木声也命離婁使布繩施公輸之剞劂遂雕琢而成器揆神農之初制盡聲變之奧妙抒心志之鬱滯

協和昏賦　蔡邕

嫁娶合二姓之好正人倫之始用昏時者取幽陰之義也故謂之昏禮

惟情性之至好歡莫偉乎夫婦受精靈之造化固神明之所使事深微以玄妙實人倫之所始考遂初往古也之原本覽陰陽之綱紀乾坤和其剛柔乾剛坤柔有夫婦配合之義艮兊感其脢腓艮少男兊少女感應而為咸聖人列於下篇之首以象夫婦咸其脢咸其腓皆爻辭葛覃恐其失時毛詩葛覃言女功之事恐失時豈齊魯時耶標梅求其庶士詩標有梅男女及時也其三章曰求我庶士迨其謂之唯休和之盛代休音貌休和猶醇和也男女德乎年齒古者男二十至三十女十有五至二十謂之盛年嫁娶之時也婚姻協而莫違播欣欣之繁祉謂室家相宜子孫昌盛盛

俗厚淳良辰既至卜日用和昏禮已舉二族崇飾威儀有序嘉賓僚黨祁祁雲聚車服照路驂騑如舉驂騑車旁兩馬也如舉言均齊既臻門屏結軌下車親迎儀婿入奠鴈姆奉女出登車至其家從婦下車揖之導以入軌車轍也阿傅傅姆也御豎鴈行蹉跎麗女盛飾曄如春華後闕

琴賦

琴操曰昔伏羲氏作琴以修身理性反天真也此賦首尾俱有闕文

清聲發兮五音舉韻宮商兮動徵羽曲引興兮繁絃撫然後哀聲既發祕弄乃開琴調有曲有引有弄兮所傳如明妃引蔡氏五弄左手抑揚右手徘徊抵掌反復抑按藏摧於是繁絃既抑雅韻乃揚仲尼思歸夫子將之晉及河聞鳴犢竇犨之見殺也回輿而旋作陬操其辭曰復我舊廬從吾所好其樂只且見孔叢子鹿鳴三章禮記宵雅肄三謂鹿鳴而下三章蔡邕琴操曰鹿鳴周大臣之所作也梁甫悲吟古樂府有太山梁父吟蓋喪葬之詞周公越裳周公輔成王越裳氏重譯來貢青雀西飛青雀西王母之使青鸞也琴操有離鸞別鶴東翔商陵牧子娶妻五年無子父兄欲為改娶牧子援琴鼓之嘆別鶴以舒其憤悶飲馬長城古樂府有飲馬長城窟行楚曲明光琴譜有楚王操有楚明光曲入者琴操曲名也走獸率舞書搏拊琴瑟以詠百獸率舞飛鳥下翔師曠為晉平公鼓琴有玄鶴二八翔舞感激絃歌一低一昂

胡栗賦

樹遐方之嘉木兮樹種也言此木元非中國植物來自胡也于靈宇之前庭通二門以征行兮夾階除而列生彌霜雪而不彫兮當春夏而滋榮因本心之誕節兮凝育蘗之緑英形猗猗以艷茂兮似翠玉之清明何根莖之豐美兮將蕃熾以悠長適禍賊之災人兮嗟夭折以摧傷

邕自序云人有折蔡氏祠前栗者故作斯賦

述行賦

余有行于京洛漢之東都河南尹也遘淫雨之經時塗迍邅其蹇連潦汙滯而爲災聊弘慮以存古宣幽

情而屬辭行游目以南望覽太室之威靈山海經嵩高高爲太室山顧大河于北垠覩洛汭之始并禹貢註洛汭洛入河處河南鞏縣東率陵阿以登降赴偃師而精勤壯田横之奉首義二士之夾墳西漢田儋傳高帝召田横横與其客二人乘傳詣洛陽至尸鄉廄置自剄令客奉其頭馳奏高帝以王禮葬横既葬二客穿其冢旁皆自剄從之後漢郡國志河南偃師縣有尸鄉春秋時曰尸氏註田横自殺處

浮淮賦

序見王粲浮淮賦前

魏文帝

泝淮水而南邁兮泛洪濤之湟波仰巖岡之崇阻兮經東山之曲阿浮飛舟之萬艘兮建千將之銛戈千將吳之良冶能鑄劍故後人名寶劍爲千將揚雲旗之繽紛

兮聆榼以人之讙譁榜必𢭏叉舟人也月令命榜人乃撞金鍾爰伐雷鼓白旄冲天黄鉞㫋㫋左仗黄鉞右秉白旄以麾鉞以誅伐飾之以金旄以進退軍士色尚白武將奮發驍騎赫怒於是驚風泛涌波駭衆帆張羣櫂起争先逐進莫適相待

大暑賦

王粲

惟林鍾之季月季夏月建未律中林鍾重陽積而上升夏至一陰生大暑六月中氣一陰並進故羣陽上升喜潤土之溽暑大暑後五日土潤溽暑扇温風而至興六月節温風至獸狼望以倚喘鳥垂翼而弗翔遠昆吾之中景鄭語注祝融之孫封於昆吾祝融炎帝之佐天地翕其同光征夫瘼於原野處者困於門堂患衽席之焚灼譬烘燎之在床起屏營而東西欲避之而無方仰庭槐而嘯風風既至而如湯氣呼吸以怯短汗雨下而霑裳於是帝后順時幸九嵕之陰岡託甘泉之清野御華殿於林光三輔黄圖咸陽在九嵕山南始皇營宮殿比至九嵕甘泉南至鄠杜離宮别館相望漢武增廣之有高光宮林光宮潛廣室之邃宇激寒流於下堂重屋百層垂陰千廡九闥洞開周帷高舉堅冰常奠寒饌代叙闕

述行賦

曹植曹公操次子後封陳王謚思

尋曲路之南隅觀秦政之驪墳始皇名政葬於驪山哀黔首之罹毒酷以焰皇之爲君濯余身於秦井温泉也律湯液之若焚

大暑賦　　劉楨字公幹為魏司空軍謀祭酒掾屬

其爲暑也羲和總駕發扶木羲和日御也日出於扶桑一曰若木太陽爲輿達炎燭威靈參垂步朱轂南方赤帝曰靈威仰赫赫炎炎烈烈暉暉若熾燎之附體又温泉而沉肌獸喘氣於玄景鳥戢翼於高危農畯捉鎛而去疇鎛在困反農器鐵首織女釋杼而下機温風至而增熱張衡思玄賦温風翕其增熱歊悒慴而無依披襟領而長嘯巽微風之來思

靈河賦河源出崑崙上與天漢通故曰靈河　　應瑒字德璉曹公辟丞相掾後為五官將文學有文名與魯國孔融廣陵陳琳山陽王粲北海徐幹陳留阮瑀東華劉楨謂之建安七子

咨靈川之遐源兮于崑崙之神丘凌增城之陰隅兮賴后土之潛流衝積石之重險兮披山麓之溢浮蹶龍黃而南邁兮紆鴻體而因流河源自崑崙東注蒲昌海潛行地下南出於積石禹貢導河積石至于龍門隴郭璞云發源高處激湊故水色白潛流地中受渠衆多渾濁故水色黃西北人謂水為龍蹶俱衛反毛氏詩註蹶動也涉津洛路一作之阪峻一作泉播九道之中州禹貢又北

播為九河注北分為九河以殺其溢在兗州界汾澒漏而騰鶩兮恒疊疊而徂征聲乘高而迅逝兮陽侯沛而震驚陽侯波神有漢中葉兮金隄隤而瓠子傾興萬乘而親務兮董羣后而來營下淇園之豐篠兮投璧玉而沈星史記文帝時河決金隄武帝元光中河決瓠子於是天子臨決河沈白馬玉璧令羣臣從官自將軍以下皆負薪塡決河取淇園之竹以為揵若夫長杉峻檟茂栝芬橿扶疏灌列灌言貫木叢生也詩黃鳥于飛集于灌木暎水蔭防隆條動而暢清風白日顯而曜殊光言築隄已成水患旋息樹衆木於隄上以固護

東巡頌

傅毅一本作崔駰

漢光武中興三葉至章帝按本紀建初八年冬十二月東巡狩又元和二年二月幸太山柴告岱宗

伊漢中興三葉於皇維烈允迪厥倫纘王命僞漢興矩坤度以範物規乾則以陶鈞於是考上帝以質中愬列宿於北辰開太微敞禁庭延儒林以諮詢岱岳之事于時典司者耆載華拕實徵一本作適爾而造曰威乎大漢既重雍而襲熙代增其德唯斯岳禮久而不脩此神人之所慶幸海內之所想思頌有喬山之征周頌時邁巡守告祭柴望也其詩曰懷柔百神及河喬岳又般之詩曰陟其高山墮山喬岳典有徂岳之巡

時邁其邦（舜典歲二月東巡守至于東岳）（周頌時邁其邦昊天其子之）人斯攸勤不亦宜哉乃命太僕馴六轡（一本作騶）閑路馬戒師徒於是乘輿登天靈之威路駕太一之象車升九龍之華旗建掃霓之旌旄裒胡耇之元老聘東作之上游賞孝行之畯農

東巡頌　蔡邕（一本作班固）

竊見巡狩岱宗柴望山虞宗祀明堂上稽帝堯中述世宗遵奉光武禮儀備具動自聖心是以神明屢應休徵乃降不勝狂簡之情謹上岱宗頌一篇曰若稽古在漢迪哲聿修厥德憲章丕烈翿六龍較五路齊百僚陶素質命南重以司歷厥中月之六辰備天官之列衛盛輿服而東巡後闕

南巡頌

惟漢再受命系葉一十協景和則天經郊高宗光六幽通神明既禘祖於西郊又將祫於南庭是時聖上運天官之法駕建日月之旃旌

九惟文

（惟思也此文乃九惟之一後當有闕文否則以貧為病不思所以處之徒見殯穫亦非作文之法）

八惟困乏憂心殷殷天之生我星宿值貧如祿命書所推六極之危洪範六極四曰貧獨我斯勤居處浮漂無以自任冬日栗栗上下同雲無衣無褐何以自溫六月徂暑炎赫來臻無絺無綌何以蔽身無餉不飽永離懽欣

古文苑卷第二十一　終

出版後記

《古文苑》二十一卷，宋章樵注。

《古文苑》録周代至南齊詩文二百六十餘篇，分爲二十類，唐以前散佚之文多賴此書得以流傳。至於其編集者，宋淳熙六年（一一七九）韓元吉（字無咎）刻《古文苑》九卷本原序云：『孫巨源得於佛寺經龕中，唐人所藏，莫知誰氏録。』陳振孫《直齋書録解題》載：『不知何人集，皆漢以來遺文，史傳及《文選》所無者。世傳孫洙巨源於佛寺經龕中得之，唐人所藏，韓無咎類次爲九卷，刻之婺州。』據葉德輝考證，此書乃孫洙（字巨源，官至翰林學士，《宋史》有傳）僞托唐人所藏，從唐宋人類書中輯出而成。

韓元吉淳熙六年所刻九卷本《古文苑》係無注本，比章樵注本早近六十年，因此更接近《古文苑》原貌，訛誤較少。章樵於紹定二年（一二二九）任吴縣知縣時，開始在九卷本基礎上爲《古文苑》做注。紹定五年（一二三

二），校注工作完成，重編爲二十一卷，此即目前流傳之二十一卷有注本。自此以後，從宋代流傳至今，《古文苑》便分爲九卷無注本與二十一卷有注本兩個系統。

章樵校注完《古文苑》之後，由於政務輾轉，未及親自刊刻，遂將校注稿留給後任程士龍，程士龍於端平三年（一二三六）六月刻成，史稱宋常州軍刻本。嘉熙元年（一二三七）四月，章樵之子章淳來訪，取刻好的書版校勘，訂正二百餘字（見江師心跋）。此應爲二十一卷《古文苑》最早之刻本，但此本已佚。淳祐六年（一二四六），盛如杞在程士龍刻成的樵注本基礎上重修《古文苑》。因此，宋淳祐盛如杞重修本爲現存最早的《古文苑》有注刻本。

《古文苑》經章樵注釋後，被發揚光大，在保存漢魏六朝史料方面極具價值，因此，與九卷無注本相比，二十一卷有注本流傳更爲廣泛，明清兩代曾多次翻刻。在衆多複雜的版本中，宋常州軍刻本爲諸本底本，宋淳祐盛如杞重修本出自宋常州軍刻本，明成化張世用重刻宋淳祐重修本。綜上，從版本系統的傳承來看，張世用刻本無疑是最早且最接近宋代原刻面貌的刻本。此後，不斷有在此本基礎上的翻刻、重刻。所以，葉德輝評價成化本爲『明本中刻最先

者，莫善於此本矣』。

中國書店本次影印的《古文苑》以所藏明成化十八年（一四八二）福建巡按淮南張世用刻本爲底本，此本爲清初著名藏書家、版本學家、校勘家季振宜舊藏，曾入選《第二批國家珍貴古籍名録》。本書半頁十行，行十八字，雙行小字同，白口，四周單邊，前有張琳序。中國書店影印出版成化張世用刊本《古文苑》，以期重現善本神采，爲廣大研究者及愛好者提供珍貴的歷史文獻。

中國書店出版社

辛卯年秋月

图书在版编目(CIP)数据

古文苑 /（宋）章樵注释. —北京：中国书店，2012.1
（中国书店藏珍贵古籍丛刊）ISBN 978-7-5149-0147-4

Ⅰ.①古… Ⅱ.①章… Ⅲ.①中国文学：古典文学—作品综合集—宋代 Ⅳ.①I214.42

中国版本图书馆CIP数据核字（2011）第201682号

中國書店藏珍貴古籍叢刊

古文苑

一函五册

作者　宋·章樵注
出版發行　中國書店
地址　北京市琉璃廠東街一一五號
郵編　一〇〇〇五〇
印刷　江蘇金壇市古籍印刷廠有限公司
版次　二〇一二年一月
書號　ISBN 978-7-5149-0147-4
定價　一二〇〇元